BERLIN

SHOPS & MORE

BERLIN

SHOPS & MORE

Angelika Taschen

Photos Thorsten Klapsch

TASCHEN

HONG KONG KÖLN LONDON LOS ANGELES MADRID PARIS TOKYO

Charlottenburg
Wilmersdorf
Schöneberg

10   Jil Sander
14   Chocolatier Erich Hamann
18   Manufactum
22   Bücherbogen am Savignyplatz
26   Emma & Co
30   Galerie Hans-Peter Jochum
34   Steiff
38   Harry Lehmann

Kreuzberg

46   Paul Knopf
50   DIM

Mitte

62   Department Store Quartier 206
68   Fundusverkauf
74   KPM
78   The Corner Berlin
82   1. Absinth Depot Berlin
88   Schönhauser Design
92   Andreas Murkudis
98   Adidas Originals Store
102 Lebensmittel in Mitte
106 Blush
110 Elternhaus

116 ProQm
120 Bless Shop
126 R.S.V.P Papier in Mitte
130 Erzgebirgskunst Original
134 Thomas Wild Teppich- & Textilkunst
138 Grün der Zeit Floraldesign
142 Über
148 Sai So Atelier & Showroom
154 Jünemann's Pantoffeleck

Prenzlauer Berg

168 Wochenmarkt am Kollwitzplatz
172 in't Veld Schokoladen
176 Santi & Spiriti

Grunewald

184 Villa Harteneck

192 Imprint/Impressum

Charlottenburg
Wilmersdorf
Schöneberg

10 German Fashion/Deutsche Mode/Mode allemande
Jil Sander

14 Berlin Chocolate/Berliner Schokolade/Chocolats berlinois
Chocolatier Erich Hamann

18 German Concept Store/Deutscher Concept Store/Concept store allemand
Manufactum

22 Art & Architecture Books/Kunst- & Architekturbücher/
Livres d'art & d'architecture
Bücherbogen am Savignyplatz

26 Children's Clothes & More/Kinderkleidung & more/
Vêtements pour enfants & plus
Emma & Co

30 Vintage Design Furniture/Vintage-Designmöbel/Mobilier design vintage
Galerie Hans-Peter Jochum

34 Famous Teddy Bears/Berühmte Teddybären/Nounours célèbres
Steiff

38 Perfumer/Parfümeur/Parfumeur
Harry Lehmann

Jil Sander

Kurfürstendamm 185, 10707 Berlin
☎ +49 30 886 7020
www.jilsander.com
Ⓤ Kurfürstendamm

Erich Hamann

Bittere Schokola
Be

Erich Hamann

Bittere Schokoladen

Chocolatier
Erich Hamann

Brandenburgische Straße 17, 10707 Berlin
☎ +49 30 873 2085
Ⓤ Konstanzer Straße

Mokkabohnen

KAFFEE

SA

Manufactum

Hardenbergstraße 4–5, 10623 Berlin
Department store: ☏ +49 30 24 03 38 44
Manufactum brot&butter: ☏ +49 30 26 30 03 46
www.manufactum.de
🅄 Ernst-Reuter-Platz

BÜC
BÜCHERBO
BOGEN

Bücherbogen
am Savignyplatz

Stadtbahnbogen 593, 10623 Berlin
☏ +49 30 31 86 95 11
www.buecherbogen.com
Ⓢ Savignyplatz

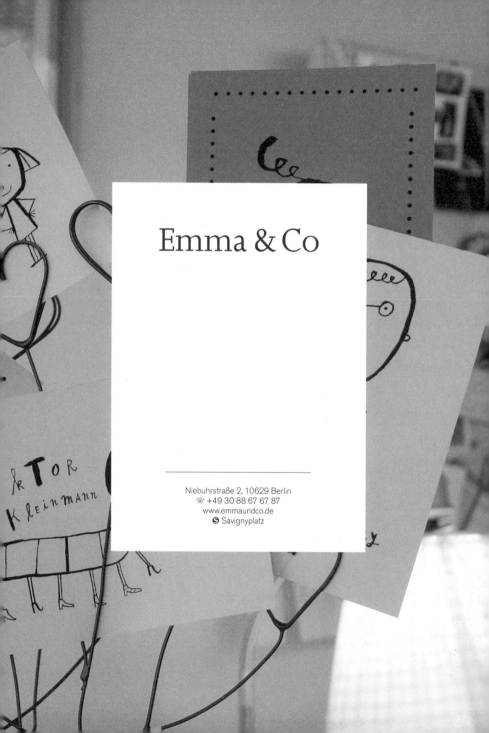

Emma & Co

Niebuhrstraße 2, 10629 Berlin
☎ +49 30 88 67 67 87
www.emmaundco.de
Ⓢ Savignyplatz

Galerie Hans-Peter Jochum

Bleibtreustraße 41, 10623 Berlin
Entrance: Mommsenstraße
☎ +49 30 882 1612
www.hpjochum.de
Ⓢ Savignyplatz
Ⓤ Uhlandstraße

Steiff

Kurfürstendamm 220, 10719 Berlin
☎ +49 30 88 72 19 19
www.steiffberlin.de
🆄 Uhlandstraße

Harry Lehmann

Kantstraße 106, 10627 Berlin
☎ +49 30 324 3532
www.parfum-individual.de
Ⓢ Charlottenburg
Ⓤ Wilmersdorfer Straße

Jil Sander

Kurfürstendamm 185
10707 Berlin
☎ +49 30 886 7020
www.jilsander.com

P. 10/11

Chocolatier
Erich Hamann

Brandenburgische Straße 17
10707 Berlin
☎ +49 30 873 2085

P. 14/15

Puristic Designer Fashion
Design: Meier-Scupin & Partner, Munich

Open: Mo–Fr 10am–7pm, Sa 10am–6pm | **X-Factor:**
Germany's only really international label.
Simple, sophisticated, and sexy: Raf Simons imbues
Hanseatic understatement with new verve.

Öffnungszeiten: Mo–Fr 10–19, Sa 10–18 Uhr | **X-Faktor:**
Das einzig wirklich internationale Label aus Deutschland.
Schlicht, sophisticated und sexy: Raf Simons verleiht
hanseatischem Understatement neuen Schwung.

Horaires d'ouverture : Lun–Ven 10h–19h, Sam 10h–18h |
Le « petit plus » : La seule marque allemande vraiment
internationale.
Sobre, sophistiquée et sexy – la discrétion hanséatique a
retrouvé du punch grâce à Raf Simons.

Berlin Chocolate – Presented in a Bauhaus Boutique
Design: Johannes Itten, Berlin (1927/28)

Open: Mo–Fr 9am–6pm, Sa 9am–1pm | **X-Factor:** The
original design of the chocolate boxes.
The Hamann family business has been selling dark
chocolate since 1928 – the shop's Bauhaus style has
been left unchanged.

Öffnungszeiten: Mo–Fr 9–18, Sa 9–13 Uhr | **X-Faktor:**
Das Originaldesign der Pralinenschachteln.
Der Familienbetrieb Hamann verkauft seit 1928 Bitterschokolade – der Bauhaus-Stil des Ladens blieb unverändert.

Horaires d'ouverture : Lun–Ven 9h–18h, Sam 9h–13h |
Le « petit plus » : Le dessin d'origine des boîtes de chocolats.
L'entreprise familiale Hamann vend du chocolat noir depuis
1928 – le style Bauhaus du magasin est resté inchangé
depuis.

Manufactum

Hardenbergstraße 4–5
10623 Berlin
Department store:
☎ +49 30 24 03 38 44
Manufactum brot&butter:
☎ +49 30 26 30 03 46
www.manufactum.de

P. 18/19

Bücherbogen
am Savignyplatz

Stadtbahnbogen 593
10623 Berlin
☎ +49 30 31 86 95 11
www.buecherbogen.com

P. 22/23

Concept Store for Everyday Products
Interior: Loft flair over two floors

Open: Mo–Fr 10am–8pm, Sa 10am–6pm | **X-Factor:** The
"Manufactum brot&butter" shop next door.
The Hardenberg building houses the whole Manufactum
range of formally beautiful and durable everyday products.

Öffnungszeiten: Mo–Fr 10–20, Sa 10–18 Uhr | **X-Faktor:**
Der „Manufactum brot&butter"-Laden nebenan.
Im Haus Hardenberg findet man das gesamte Manufactum-
Sortiment formschöner und langlebiger Alltagsprodukte.

Horaires d'ouverture : Lun–Ven 10h–20h, Sam 10h–18h |
Le « petit plus » : Le magasin « Manufactum brot&butter »
situé à côté | Chez Hardenberg on trouve tous les produits
Manufactum. Ce sont des produits de la vie quotidienne,
solides et agréables à regarder.

Books About Art & Architecture
Design: Gerhard Spangenberg, Berlin (1980)

Open: Mo–Fr 10am–8pm, Sa 10am–6pm | **X-Factor:** An
exquisite selection of titles.
This was once among the first book shops to specialise in art
and architecture – today stars like Karl Lagerfeld shop here.

Öffnungszeiten: Mo–Fr 10–20, Sa 10–18 Uhr | **X-Faktor:**
Die exquisite Titel-Auswahl.
Einst einer der ersten auf Kunst und Architektur spezialisierten
Buchläden – heute kaufen hier Stars wie Karl Lagerfeld ein.

Horaires d'ouverture : Lun–Ven 10h–20h, Sam 10h–18h |
Le « petit plus » : Le très bon choix de livres.
Faisant partie jadis des premières librairies spécialisées
dans l'art et l'architecture, elle compte aujourd'hui parmi ses
clients des stars comme Karl Lagerfeld.

Emma & Co

Niebuhrstraße 2
10629 Berlin
☎ +49 30 88 67 67 87
www.emmaundco.de

P. 26/27

Fashion & Toys for Children
Interior: Child-friendly

Open: Mo–Fr 11am–7pm, Sat 11am–4pm | **Brands:** Petit Bateau, Eddie Penn, Antik Batik, Galluci | **X-Factor:** All purchases are beautifully wrapped.
A wonderland for children with the most beautiful clothes and high-quality toys.

Öffnungszeiten: Mo–Fr 11–19, Sa 11–16 Uhr | **Marken:** Petit Bateau, Eddie Penn, Antik Batik, Galluci | **X-Faktor:** Alle Einkäufe werden zauberhaft verpackt.
Ein Kinderwunderland mit den schönsten Kleidern und hochwertigem Spielzeug.

Horaires d'ouverture : Lun–Ven 11h–19h, Sam 11h–16h | **Marques :** Petit Bateau, Eddie Penn, Antik Batik, Galluci | **Le « petit plus » :** Tous les achats sont merveilleusement bien emballés | Un pays des merveilles pour les tout-petits, les vêtements sont magnifiques et les jouets de grande qualité.

Galerie Hans-Peter Jochum

Bleibtreustraße 41
10623 Berlin
Entrance: Mommsenstraße
☎ +49 30 882 1612
www.hpjochum.de

P. 30/31

Vintage Design of the 20th Century
Interior: Stylish

Open: Mo–Fr 2pm–6.30pm, Sa 11am–2pm | **X-Factor:** Objects apart from the mainstream.
Over a small space you can find a large selection of 20th-century designer classics – from Eames to Jacobsen to Panton.

Öffnungszeiten: Mo–Fr 14–18.30, Sa 11–14 Uhr | **X-Faktor:** Die Objekte abseits des Mainstream.
Auf kleinem Raum findet man hier eine große Auswahl an Designklassikern des 20. Jahrhunderts – von Eames über Jacobsen bis hin zu Panton.

Horaires d'ouverture : Lun–Ven 14–18.30h, Sam 11–14h | **Le « petit plus » :** Les objets en dehors des courants principaux | On trouve ici dans un espace réduit un grand choix de classiques du design du XXe siècle – de Eames à Panton, en passant par Jacobsen.

Steiff

Kurfürstendamm 220
10719 Berlin
☎ +49 30 88 72 19 19
www.steiffberlin.de

P. 34/35

Handmade Teddy Bears
Interior: Practical

Open: Mo–Sa 10am–8pm | **X-Factor:** The Steiff model collection for girls and boys.
Real competition for the Berlin bear. In the world of cuddly toys, the handmade mohair Steiff teddies are legendary.

Öffnungszeiten: Mo–Sa 10–20 Uhr | **X-Faktor:** Die Steiff-Modekollektion für Mädchen und Jungen.
Eine echte Konkurrenz für den Berliner Bär: Die aus Mohair handgefertigten Steiff-Teddys sind eine Legende unter den Kuscheltieren.

Horaires d'ouverture : Lun–Sam 10h–20h | **Le « petit plus » :** La collection de mode Steiff pour garçons et filles.
Une concurrence pour l'ours berlinois : les nounours Steiff en mohair sont une légende parmi les peluches.

Harry Lehmann

Kantstraße 106
10627 Berlin
☎ +49 30 324 3532
www.parfum-individual.de

P. 38/39

Custom-made Vintage Perfumes
Interior: Original from 1958

Open: Mo–Fr 9am–6pm, Sa 10am–2pm | **X-Factor:** The "Eau de Berlin".
As in the days of the economic miracle, this shop still sells individually-composed perfumes (charged by the gram) and artificial flowers.

Öffnungszeiten: Mo–Fr 9–18.30, Sa 9–14 Uhr | **X-Faktor:** Das „Eau de Berlin".
Wie zu Zeiten des Wirtschaftswunders verkauft das Geschäft noch heute individuell komponierte Parfums (nach Gramm berechnet) und Kunstblumen.

Horaires d'ouverture : Lun–Ven 9h–18h30, Sam 9h–14h | **Le « petit plus » :** « L'Eau de Berlin ».
Comme à l'époque du miracle économique, le magasin continue de vendre des parfums composés individuellement (calculés au prix du gramme) ainsi que des fleurs artificielles.

Kreuzberg

46 Buttons & Haberdashery/Knöpfe & Kurzwaren/Boutons & mercerie
Paul Knopf

50 Brushes & Wickerwork/Bürsten & Korbwaren/Brosses & paniers
DIM

Paul Knopf

Zossener Straße 10, 10961 Berlin
☎ +49 30 692 1212
www.paulknopf.de
Ⓤ Gneisenaustraße

DIM

DIE IMAGINÄR

DIM

Oranienstraße 26, 10999 Berlin
☎ +49 30 28 50 30 121
www.blindenanstalt.de
Ⓤ Kottbusser Tor

AUFNEHMER F414A 265   4.90€

LOLAK.F855H(337)1.45   LOLAK.R855H auf (

LOLAB. F855 336 1,95   LOLAB.R855H auf (

0€   54

AUFNEHMER U414A 266   4.60€

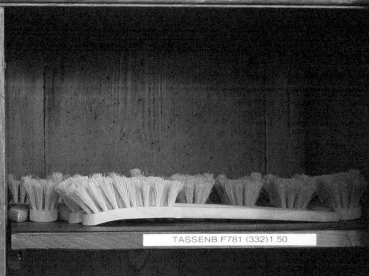

TASSENB.F781 (332)1.50

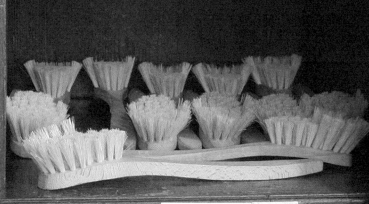

TELLERB. F782 333   2.30€

Paul Knopf

Zossener Straße 10
10961 Berlin
☎ +49 30 692 1212
www.paulknopf.de

P. 46/47

DIM

Oranienstraße 26
10999 Berlin
☎ +49 30 28 50 30 121
www.blindenanstalt.de

P. 50/51

Historical & Contemporary Buttons
Interior: Buttons – from floor to ceiling

Open: Di–Fr 9am–6pm, We–Thu 2am–6pm | **X-Factor:** The historical buttons.
With more than 100,000 sorts of buttons this shop is a paradise for costume designers and a great help in everyday emergencies.

Öffnungszeiten: Di–Fr 9–18, Mi–Do 14–18 Uhr |
X-Faktor: Die historischen Knöpfe.
Mit mehr als 100.000 Knopfsorten ist der Laden ein Paradies für Kostümbildner und hilft bei alltäglichen kleinen Notfällen.

Horaires d'ouverture : Mar–Ven 9h–18h, Mer–Jeu 14h–18h | **Le « petit plus » :** Les boutons historiques.
Avec plus de 100 000 sortes de boutons, le magasin est le paradis des costumiers mais est aussi très pratique si vous avez perdu un bouton.

Handmade Brushes & Basketry
Interior: With wooden counters and glazed shelves, dating from 1928

Open: Mo–Fr 10am–7pm, Sa 10am–2pm | **X-Factor:** Made-to-measure items also available.
Designer brushes and baskets made by handicapped people.

Öffnungszeiten: Mo–Fr 10–19, Sa 10–14 Uhr | **X-Faktor:** Sogar Maßanfertigungen sind möglich.
Die Bürsten und Korbwaren werden teilweise von Designern entworfen und von behinderten Menschen hergestellt.

Horaires d'ouverture : Lun–Ven 10h–19h, Sam 10h–14h |
Le « petit plus » : Possibilité de confection individuelle.
Dessinés par des designers, les brosses et les paniers sont fabriqués par des personnes handicapées.

Mitte

62 Department Store for Designer Items/Designkaufhaus/
Grand magasin design
Department Store Quartier 206

68 Theatre props/Theaterrequisiten/Accessoires de théâtre
Fundusverkauf

74 German Porcelain/Deutsches Porzellan/Porcelaine allemande
KPM

78 Concept Store/Concept Store/Concept store
The Corner Berlin

82 Spirits to Buy & Taste/Spirituosen & Degustation/Spiritueux & dégustation
1. Absinth Depot Berlin

88 Vintage Design & More/Vintage-Möbel & more/Mobilier vintage & plus
Schönhauser Design

92 Avant-Garde Fashion/Avantgarde-Mode/Mode avant-gardiste
Andreas Murkudis

98 Sport Fashion/Sportmode/Mode sport
Adidas Originals Store

102 Groceries & More/Lebensmittel & more/Alimentation & plus
Lebensmittel in Mitte

106 Lingerie/Dessous/Lingerie
Blush

110 Tongue-in-Cheek Slogans & More/Freche Sprüche & more/Insolences & plus
Elternhaus

116 Books/Bücher/Livres
ProQm

120 Conceptual Young Fashion/Konzeptmode/Mode conceptuelle
Bless Shop

126 Stationary/Papier & Schreibwaren/Papeterie
R.S.V.P Papier in Mitte

130 German Handicrafts/Deutsches Kunsthandwerk/Artisanat allemand
Erzgebirgskunst Original

134 Gallery for Rugs and Carpets/Galerie für Teppiche/Galerie de tapéis
Thomas Wild Teppich- & Textilkunst

138 Flowers & More/Blumen & more/Fleurs & plus
Grün der Zeit Floraldesign

142 Topical Concept Store/Themen-Concept Store/Concept store à thèmes
Über

148 Fashion Items Made from Kimonos/Mode aus Kimonos/
Mode à partir de kimonos
Sai So Atelier & Showroom

154 Handmade Slippers/Handgemachte Pantoffeln/Pantoufles faites à la main
Jünemann's Pantoffeleck

Department Store Quartier 206

Friedrichstraße 71, 10117 Berlin
☎ +49 30 20 94 68 00
www.departmentstore-quartier206.com
Ⓤ Stadtmitte

Fundusverkauf

Behrensstraße 14, 10117 Berlin
☎ +49 17 72 04 20 07
Ⓢ Unter den Linden
Ⓤ Französische Straße

KPM

Königliche Porzellan-Manufaktur
Unter den Linden 35, 10117 Berlin
☎ +49 30 206 4150
www.kpm.de
Ⓢ Ⓤ Friedrichstraße Ⓤ Französische Straße

The Corner Berlin

Französische Straße 40, 10117 Berlin
☎ +49 30 20 67 09 50
www.thecornerberlin.de
Ⓤ Französische Straße

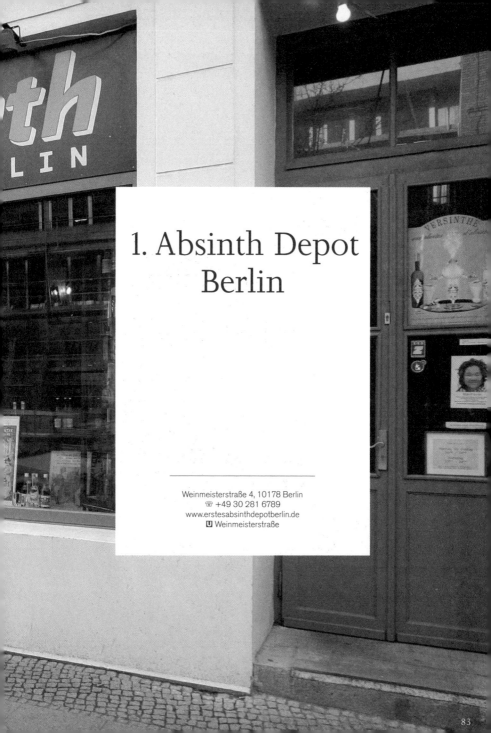

1. Absinth Depot Berlin

Weinmeisterstraße 4, 10178 Berlin
☏ +49 30 281 6789
www.erstesabsinthdepotberlin.de
Ⓤ Weinmeisterstraße

ABSIN
VICH

Das Trinken von Spirituosen während
der Arbeitszeit ist verboten.

Versinthe	Eichelberger	L'Ameslnthe	Émile Coulin	Bairnsfather bitter	Bairnsfather bitter
24,50 €	35,00 €	26,50 €	25,00 €	47,00 €	29,00 €

Ulex O2	la muse verte	La Fée Parisian	Ulex dark	Reality	Deniset
32,00 €	39,50 €	49,00 €	29,50 €	36,00 €	26,50 €

Schönhauser Design

Neue Schönhauser Straße 18, 10178 Berlin
☎ +49 30 281 1704
www.schoenhauser-design.de
Ⓢ Hackescher Markt
Ⓤ Weinmeisterstraße

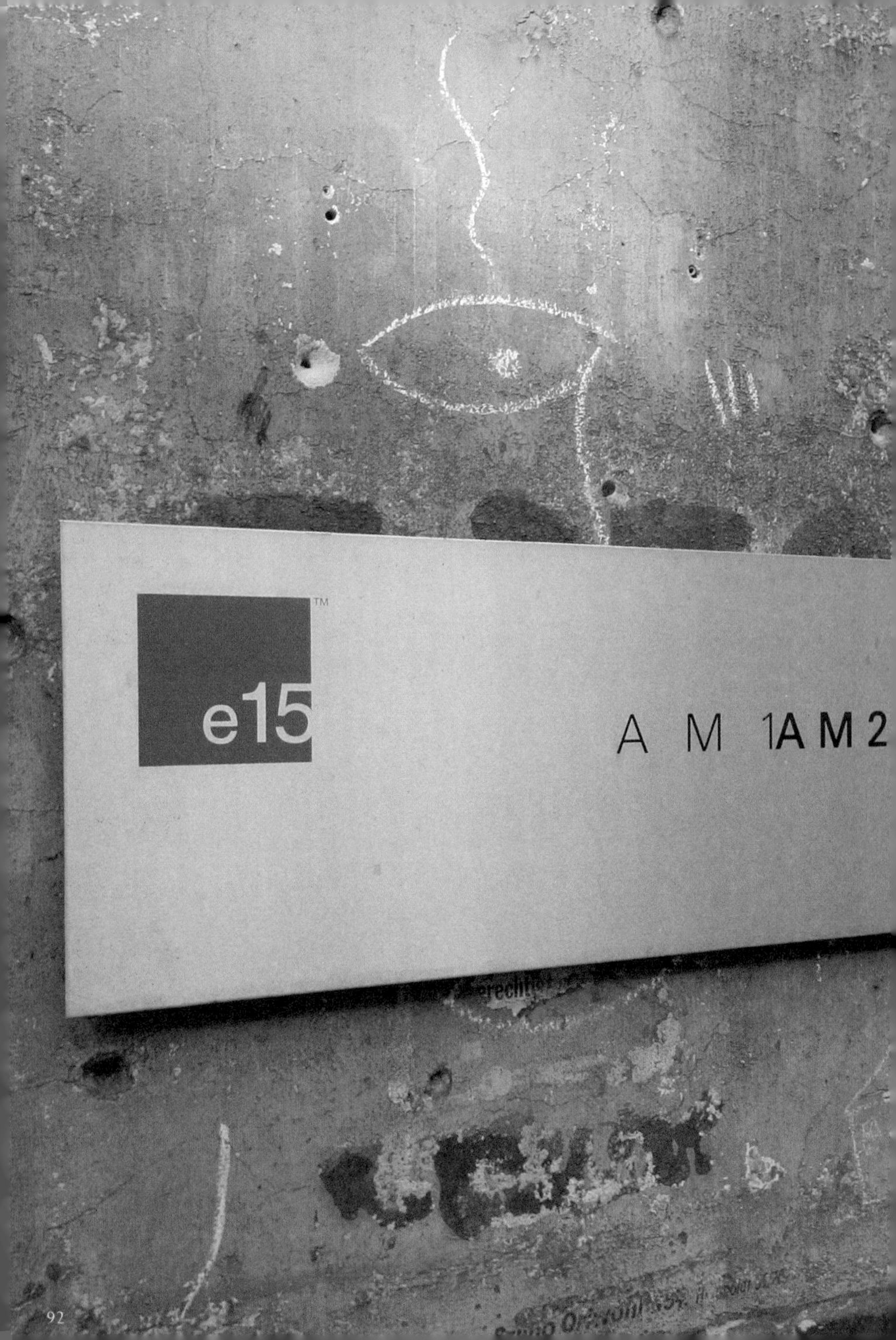
e15™
A M 1AM2

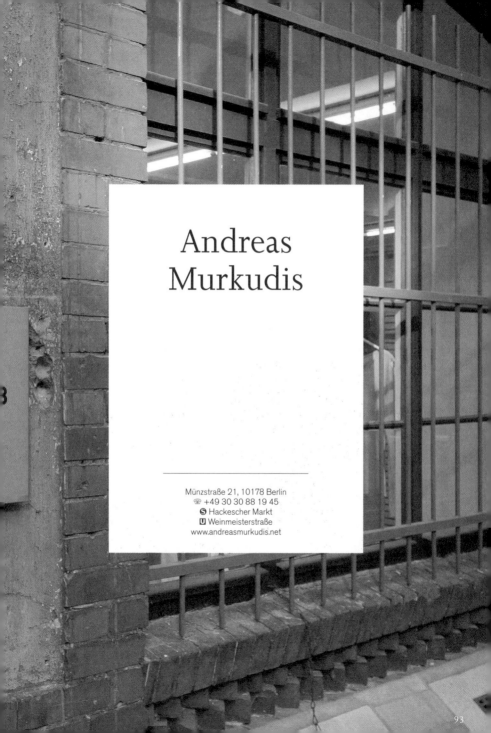

Andreas Murkudis

Münzstraße 21, 10178 Berlin
☎ +49 30 30 88 19 45
Ⓢ Hackescher Markt
Ⓤ Weinmeisterstraße
www.andreasmurkudis.net

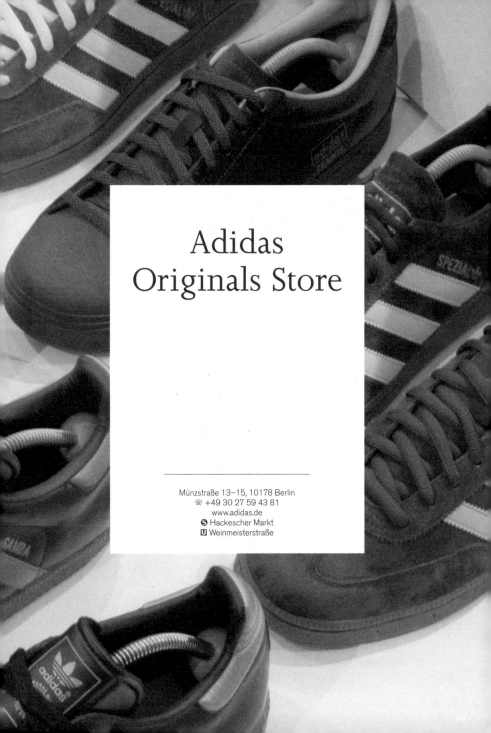

Adidas Originals Store

Münzstraße 13–15, 10178 Berlin
☎ +49 30 27 59 43 81
www.adidas.de
🄢 Hackescher Markt
Ⓤ Weinmeisterstraße

FEINKOST
KONSERVEN

Lebensmittel
in Mitte

Rochstraße 2, 10178 Berlin
☎ +49 30 27 59 61 30
Ⓢ Hackescher Markt
Ⓤ Weinmeisterstraße

Blush

Rosa-Luxemburg-Straße 22, 10178 Berlin
☎ +49 30 28 09 35 80
www.blush-berlin.com
🅄 Rosa-Luxemburg-Platz

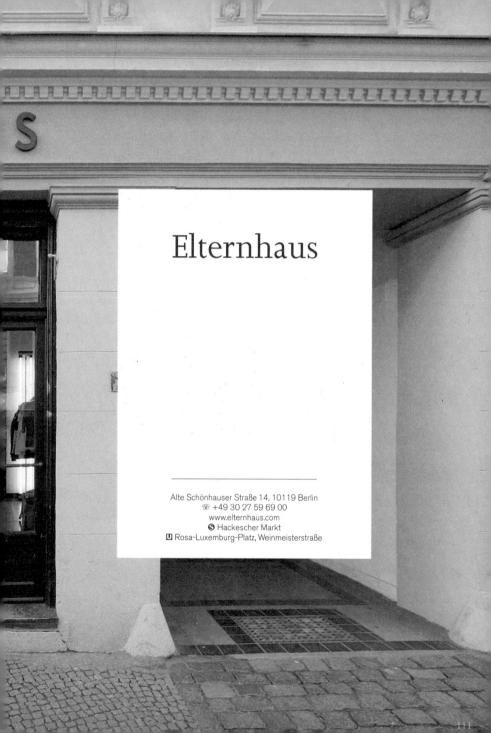

Elternhaus

Alte Schönhauser Straße 14, 10119 Berlin
☎ +49 30 27 59 69 00
www.elternhaus.com
Ⓢ Hackescher Markt
Ⓤ Rosa-Luxemburg-Platz, Weinmeisterstraße

ProQm

Almstadtstraße 48–50, 10119 Berlin
☎ +49 30 24 72 85 20
www.pro-qm.de
Ⓢ Hackescher Markt
Ⓤ Rosa-Luxemburg-Platz

Bless Shop

Mulackstraße 38, 10119 Berlin
☎ +49 30 44 01 01 00
www.bless-service.de
Ⓢ Hackescher Markt
Ⓤ Weinmeisterstraße

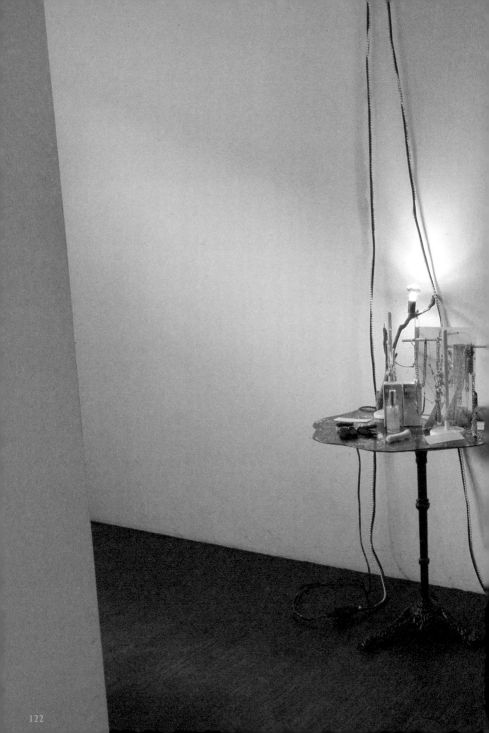

Serrote
Notizbücher
Portugal
4,80 €

R.S.V.P
Papier in Mitte

Mulackstraße 14, 10119 Berlin
☎ +49 30 28 09 46 44
www.rsvp-berlin.de
Ⓢ Hackescher Markt
Ⓤ Rosa-Luxemburg-Platz, Weinmeisterstraße

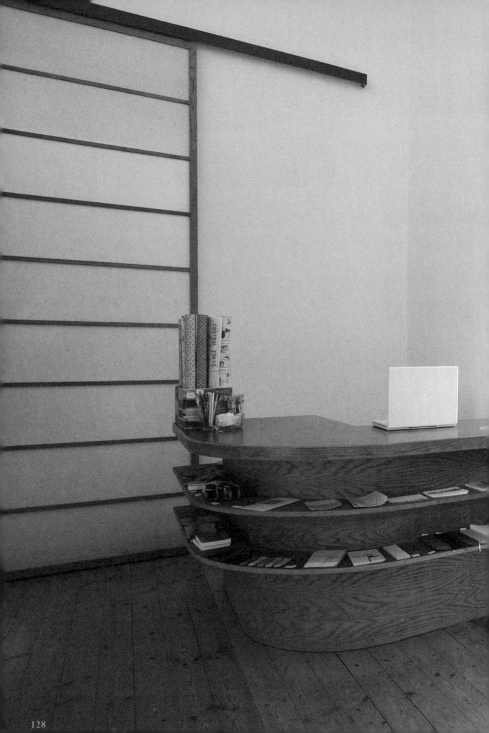

Erzgebirgskunst
Original

Sophienstraße 9, 10178 Berlin
☎ +49 30 282 6754
www.original-erzgebirgskunst.de
Ⓢ Hackescher Markt
Ⓤ Weinmeisterstraße

„Gratulanten-Engel mit je 10 Ziffern

Thomas Wild Teppich- & Textilkunst

Gipsstraße 12, 10119 Berlin
☎ +49 30 28 38 57 60
www.thomaswild.com
Ⓢ Hackescher Markt
Ⓤ Weinmeisterstraße

grün der
floradette

Grün der Zeit
Floraldesign

Große Hamburger Straße 19a, 10115 Berlin
☎ +49 30 28 87 95 79
www.gruen-der-zeit.cc
Ⓢ Hackescher Markt
Ⓤ Weinmeisterstraße

Warenhaus
Anja Kantowsky
Auguststr. 26a
10117 Berlin

über

Fon 030.6677.9095
Fax 030.6677.9096
kaufen@ueber-store.de
www.ueber-store.de

Warenhaus
Anja Kantowsky
Auguststr. 26a
10117 Berlin

über

Fon 030.6677.9
Fax 030.6677.9
kaufen@ueber-s

Warenhaus
Anja Kantowsky
Auguststr. 26a
10117 Berlin

über

Über

Auguststraße 26a, 10117 Berlin
☎ +49 30 66 77 90 95
www.ueber-store.de
Ⓤ Weinmeisterstraße, Rosenthaler Platz

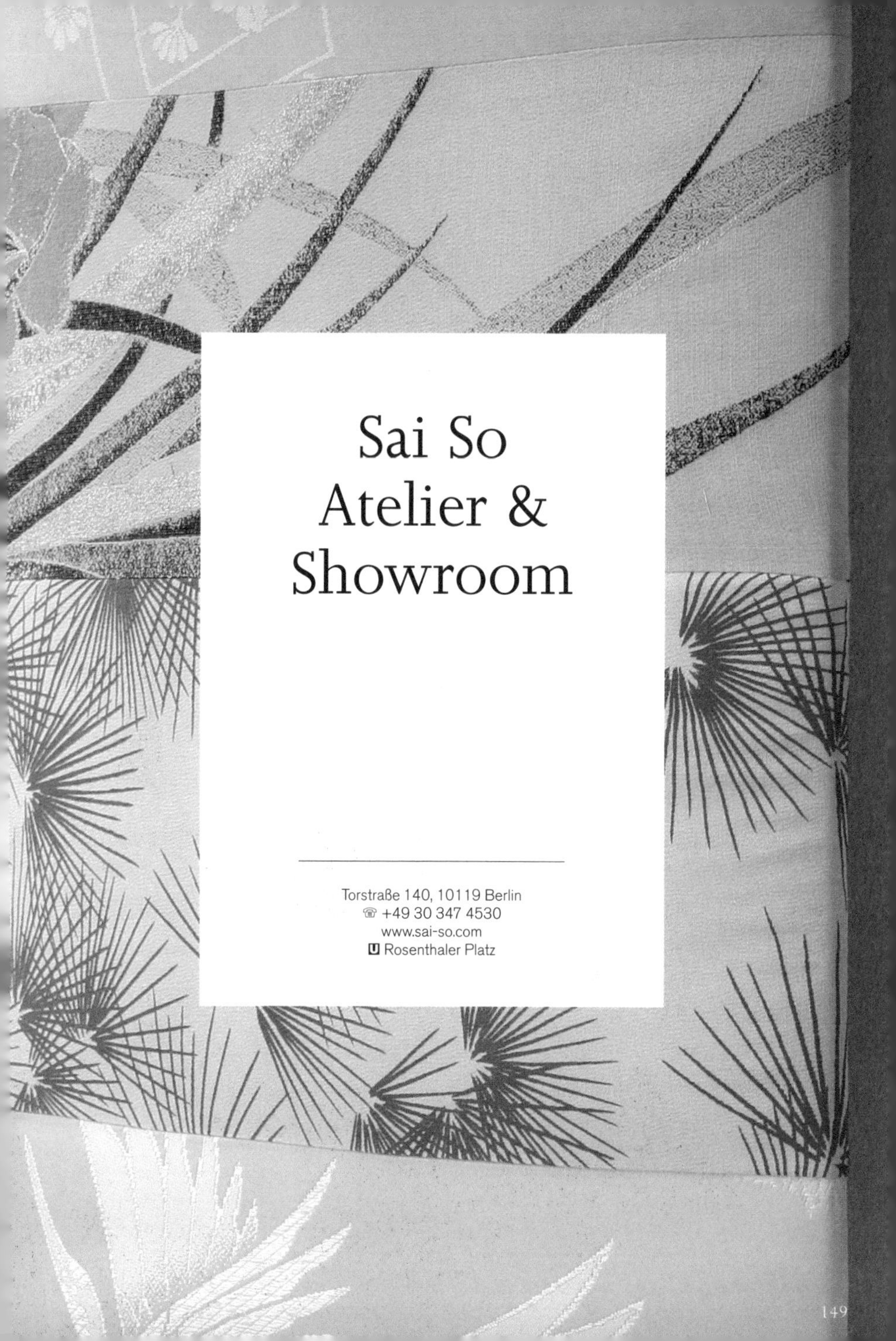

Sai So
Atelier &
Showroom

Torstraße 140, 10119 Berlin
☎ +49 30 347 4530
www.sai-so.com
Ⓤ Rosenthaler Platz

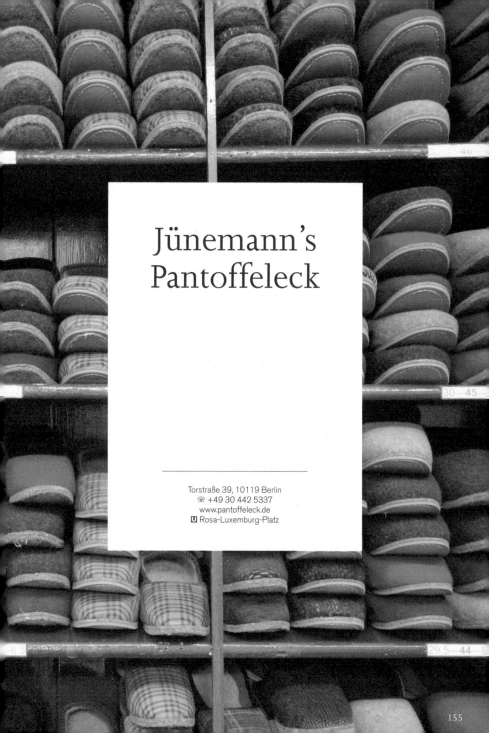

Jünemann's
Pantoffeleck

Torstraße 39, 10119 Berlin
☎ +49 30 442 5337
www.pantoffeleck.de
🆄 Rosa-Luxemburg-Platz

Department Store Quartier 206

Friedrichstraße 71
10117 Berlin
☎ +49 30 20 94 68 00
www.departmentstore-quartier206.com

P. 62/63

Department Store for Designer Fashion & More
Interior: Luxuriously stylish, designed by Anne Maria Jagdfeld

Open: Mo–Fr 11am–8pm, Sa 10am–6pm | **X-Factor:** Young labels like Derercuny, Rag & Bone, Sass & Bide, Superfine. With an area of 2,500 square metres, Berlin's classiest lifestyle address is competition for metropolises like Paris, Milan, and New York.

Öffnungszeiten: Mo–Fr 11.00–20.00, Sa 10–18 Uhr | **X-Faktor:** Die jungen Label wie Derercuny, Rag & Bone, Sass & Bide, Superfine | Auf 2.500 Quadratmetern macht Berlins edelste Lifestyle-Adresse Metropolen wie Paris, Mailand und New York Konkurrenz.

Horaires d'ouverture : Lun–Ven 11h–20h, Sam 10h–18h | **Le « petit plus » :** Les jeunes labels comme Derercuny, Rag & Bone, Sass & Bide, Superfine.
Sur 2.500 m², la plus chic adresse lifestyle de Berlin fait concurrence aux métropoles comme Paris, Milan et New York.

Fundusverkauf

Behrensstraße 14
10117 Berlin
☎ +49 17 72 04 20 07

P. 68/69

Vintage Theatre Props
Interior: Like somewhere backstage

Open: Irregular | **X-Factor:** Great effect for relatively little money.
With luck and patience you can find imaginative costumes and accessories from Berlin's theatres and opera houses here.

Öffnungszeiten: unregelmäßig | **X-Faktor:** Viel Wirkung für verhältnismäßig wenig Geld.
Mit etwas Glück und Geduld findet man hier fantasievolle Kostüme und Requisiten aus Berliner Opern- und Theaterproduktionen.

Horaires d'ouverture : Irréguliers | **Le « petit plus » :** Beaucoup d'effet pour peu d'argent en comparaison.
Avec un peu de chance et de patience on trouvera ici des costumes et des accessoires fantastiques provenant des pièces de théâtre et des opéras joués à Berlin.

KPM

Königliche Porzellan-Manufaktur
Unter den Linden 35
10117 Berlin
☎ +49 30 206 4150
www.kpm.de

P. 74/75

Classic German Porcelain
Interior: Classical

Open: Mo–Fr 10am–7pm, Sa 10am–5pm | **X-Factor:** The Karl Friedrich Schinkel vases.
Ever since it was founded by Friedrich the Great in 1763, every item from this manufactory has been handmade and marked with the blue sceptre.

Öffnungszeiten: Mo–Fr 10–19, Sa 10–17 Uhr | **X-Faktor:** Die Vasen von Karl Friedrich Schinkel.
Seit der Gründung durch Friedrich den Großen 1763 wird jedes Stück aus der KPM handgefertigt und mit dem blauen Zepter gekennzeichnet.

Horaires d'ouverture : Lun–Ven 10h–19h, Sam 10h–17h | **Le « petit plus » :** Les vases de Karl Friedrich Schinkel.
Depuis la fondation par Frédéric le Grand en 1763, chaque pièce de la KPM est fabriquée à la main et est marquée d'un sceptre bleu.

The Corner Berlin

Französische Straße 40
10117 Berlin
☎ +49 30 20 67 09 50
www.thecornerberlin.de

P. 78/79

Concept Store for Fashion & Accessories
Interior: Loft-style

Open: Mo–Sa 10am–8pm | **Brands:** Pierre Hardy, Stella McCartney, Victor & Rolf | **X-Factor:** The "Eat at the Corner" restaurant.
It's not just a matter of (insider-) labels, but of style – it would be hard to find a more sophisticated shop in Berlin.

Öffnungszeiten: Mo–Sa 10–20 Uhr | **Marken:** Pierre Hardy, Stella McCartney, Victor & Rolf | **X-Faktor:** Das Lokal „Eat at the Corner".
Hier geht es nicht nur um (Insider-) Label, sondern um Stil – niveauvoller kann man in Berlin kaum shoppen.

Horaires d'ouverture : Lun–Sam 10h–20h | **Marques :** Pierre Hardy, Stella McCartney, Victor & Rolf | **Le « petit plus » :** L'établissement « Eat at the Corner » | Ici il est question de label (pour initiés), mais aussi de style – il est pratiquement impossible de faire du shopping avec plus de classe, à Berlin.

1. Absinth Depot Berlin

Weinmeisterstraße 4
10178 Berlin
☎ +49 30 281 6789
www.erstesabsinthdepotberlin.de

P. 82/83

Schönhauser Design

Neue Schönhauser Straße 18
10178 Berlin
☎ +49 30 281 1704
www.schoenhauser-design.de

P. 88/89

Absinthe & Liqueurs
Interior: Spirits shop

Open: Mo–Fr 4pm–midnight, Sa 1pm–midnight | **X-Factor:**
The tasting room.
Into the small hours of the night you can learn about the
history, kinds, and effects of that legendary Green Fairy,
absinthe.

Öffnungszeiten: Mo–Fr 16–24, Sa 13–24 Uhr | **X-Faktor:**
Die Degustationsstube.
Bis tief in die Nacht hinein erfährt man hier alles über
Geschichte, Sorten und Wirkungen des Absinth – der
sagenumwobenen „Grünen Fee".

Horaires d'ouverture : Lun–Ven 16h–24h, Sam 13h–24h |
Le « petit plus » : Le coin dégustation.
On vous parlera jusqu'à une heure avancée de la nuit de
l'histoire, des variétés et des effets de l'absinthe, la liqueur
légendaire surnommée ici « la fée verte ».

Vintage Design & Accessories
Interior: Second-hand atmosphere

Open: Mo–Fr midday–8pm, Sa 11am–5pm | **X-Factor:** The
books and gifts.
In addition to 1960s and 70s designer furniture, this trendy
well-stocked store sells everyday items from the GDR.

Öffnungszeiten: Mo–Fr 12–20, Sa 11–17 Uhr | **X-Faktor:**
Die Bücher und Geschenkartikel.
Neben Designmöbeln aus den 1960ern und 1970ern
verkauft dieser gut sortierte Trendstore Alltagsobjekte aus
der DDR.

Horaires d'ouverture : Lun–Ven 12h–20h, Sam 11h–17h |
Le « petit plus » : Les livres et les articles à offrir.
Ce trendstore bien achalandé propose outre des meubles
design des années 60 et 70, également des objets utilitaires
de l'époque de la RDA.

Andreas Murkudis

Münzstraße 21
10178 Berlin
☎ +49 30 30 88 19 45
www.andreasmurkudis.net

P. 92/93

Adidas Originals Store

Münzstraße 13–15
10178 Berlin
☎ +49 30 27 59 43 81
www.adidas.de

P. 98/99

Innovative Designer Fashion
Interior: Loft, designed by Gonzalez/Haase

Open: Mo–Fr midday–8pm, Sa midday–6pm | **Brands:**
Kostas Murkudis, Martin Margiela, Y's, … | **X-Factor:** The good
service.
Andreas Murkudis has a well-chosen selection of cutting-
edge labels – and not just models by his brother Kostas.

Öffnungszeiten: Mo–Fr 12–20, Sa 12–18 Uhr | **Marken:**
Kostas Murkudis, Martin Margiela, Y's, … | **X-Faktor:** Der
gute Service.
Andreas Murkudis trägt mit viel Gespür Cutting-Edge-Label
zusammen – nicht nur Modelle seines Bruders Kostas.

Horaires d'ouverture : Lun–Ven 12h–20h, Sam 12h–18h |
Marques : Kostas Murkudis, Martin Margiela, Y's, … |
Le « petit plus » : Le service.
Andreas Murkudis a du flair pour le cutting edge label et ne
se contente pas seulement des modèles de son frère Kostas.

Legendary Sportswear
Design: EOOS, Vienna (2001)

Open: Mo–Sa 10am–8pm | **X-Factor:** Designed exclusively
for adidas.
This was the first adidas store worldwide and is an Eldorado
for fans of the sportswear with the three stripes.

Öffnungszeiten: Mo–Sa 10–20 Uhr | **X-Faktor:** Die exklu-
siv für adidas entworfenen Designs.
Dieser Laden war der weltweit erste adidas Originals Store
und ist ein Dorado für Fans der Sportswear mit den drei
Streifen.

Horaires d'ouverture : Lun–Sam 10h–20h | **Le « petit
plus » :** Les motifs dessinés exclusivement pour adidas.
Premier magasin adidas au monde, il est un eldorado pour
les fans de ces vêtements de sport qui se caractérisent par
leurs trois bandes.

Lebensmittel in Mitte

Rochstraße 2
10178 Berlin
☎ +49 30 27 59 61 30

P. 102/103

Good German Groceries
Interior: Old-style retailer's shop

Open: Mo–Fr 8am–9pm, Sa 11am–9pm | **X-Factor:** Their snack bar.
Bavarian meatloaf, Black Forest hams, Oranienburg mustard: specialties like these from various German manufacturers whet your appetite for more.

Öffnungszeiten: Mo–Fr 8–21, Sa 11–21 Uhr | **X-Faktor:** Der hauseigene Imbiss.
Bayerischer Leberkäs, Schwarzwälder Schinken, Oranienburger Senf: Solche Spezialitäten aus ausgewählten deutschen Betrieben machen Appetit auf mehr.

Horaires d'ouverture : Lun–Ven 8h–21h, Sam 11h–21h | **Le « petit plus » :** Restauration rapide maison.
Leberkäs bavarois, jambon de Forêt-Noire, moutarde d'Oranienbourg : de telles spécialités d'exploitants allemands triés sur le volet ouvrent l'appétit.

Blush

Rosa-Luxemburg-Straße 22
10178 Berlin
☎ +49 30 28 09 35 80
www.blush-berlin.com

P. 106/107

Elegant Dessous
Interior: Seductive

Open: Mo–We midday–7pm, Th/Fr midday–8pm, Sa midday–6pm or by arrangement | **X-Factor:** Thongs with Berlin symbols.
During film festivals and premieres there is an endless queue of Hollywood stars here.

Öffnungszeiten: Mo–Mi 12–19, Do/Fr 12–20, Sa 12–18 Uhr oder nach Vereinbarung | **X-Faktor:** Die Strings mit Berliner Symbolen.
Während Filmfestivals und Premierenwochen geben sich hier Hollywood-Stars die Klinke in die Hand.

Horaires d'ouverture : Lun–Mer 12h–19h, Jeu/Ven 12h–20h, Sam 12h–18h ou sur rendez-vous | **Le « petit plus » :** Les strings portant des symboles berlinois.
Ici c'est un véritable défilé de stars d'Hollywood pendant les festivals de films et les avant-premières.

Elternhaus

Alte Schönhauser Straße 14
10119 Berlin
☎ +49 30 27 59 69 00
www.elternhaus.com

P. 110/111

Provocative German Fashion
Interior: Experimental

Open: Irregular | **X-Factor:** Clients include Herbert Grönemeyer and Marius Müller-Westernhagen.
This label's clothes and bags carry provocative slogans from German history.

Öffnungszeiten: unregelmäßig | **X-Faktor:** Unter den Kunden sind Herbert Grönemeyer und Marius Müller-Westernhagen.
Auf den Kleidungsstücken und Taschen dieses Labels prangen provokante Slogans aus der deutschen Geschichte.

Horaires d'ouverture : Irréguliers | **Le « petit plus » :** Herbert Grönemeyer et Marius Müller-Westernhagen font partie des clients | Des slogans provocateurs issus de l'histoire allemande apparaissent bien en évidence sur les vêtements et les sacs de cette marque.

ProQm

Almstadtstraße 48–50
10119 Berlin
☎ +49 30 24 72 85 20
www.pro-qm.de

P. 116/117

Books About Art & Architectural Theory
Design: ifau and Jesko Fezer, Berlin (2007)

Open: Mo–Fr midday–8pm, Sa midday–6pm | **X-Factor:** The exhibitions.
On its new premises this book shop stocks unusual titles focussing on the city and on the theory of architecture and art.

Öffnungszeiten: Mo–Fr 12–20, Sa 12–18 Uhr | **X-Faktor:** Die Ausstellungen.
In neuen Räumen führt diese Buchhandlung selbst ausgefallene Titel aus den Bereichen Stadt, Architektur- und Kunsttheorie.

Horaires d'ouverture : Lun–Ven 12h–20h, Sam 12h–18h | **Le « petit plus » :** Les expositions.
Cette librairie propose même dans ses nouvelles salles des livres rares traitant de l'urbanisme, de l'architecture et de la théorie de l'art.

Bless Shop

Mulackstraße 38
10119 Berlin
☎ +49 30 44 01 01 00
www.bless-service.de

P. 120/121

R.S.V.P
Papier in Mitte

Mulackstraße 14
10119 Berlin
☎ +49 30 28 09 46 44
www.rsvp-berlin.de

P. 126/127

Young Concept Fashion
Interior: Experimental

Open: Mo–Fr 2pm–7pm, Sa midday–6pm | **X-Factor:** The wonderful scarves.
Bless was founded by fashion students exactly ten years ago and sells avant-garde creations under the heading "fits every style".

Öffnungszeiten: Mo–Fr 14–19, Sa 12–18 Uhr | **X-Faktor:** Die großartigen Schals.
Bless wurde vor genau zehn Jahren von Modestudenten gegründet und verkauft avantgardistische Kreationen unter dem Motto „fits every style".

Horaires d'ouverture : Lun–Ven 14h–19h, Sam 12h–18h | **Le « petit plus » :** Les magnifiques foulards.
Créée il y a dix ans par des étudiants en mode, la boutique Bless vend ses créations d'avant-garde sous la devise « fits every style ».

International Papers & Pencils
Interior: Purist

Open: Mo–Fr midday–7pm, Sa midday–4pm | **X-Factor:** The nostalgic GDR bags.
For all those who still write letters, this shop has rare paper and stationary from all over the world and high-grade pens.

Öffnungszeiten: Mo–Fr 12–19, Sa 12–16 Uhr | **X-Faktor:** Die nostalgischen DDR-Tüten.
Für alle, die das Briefeschreiben noch nicht verlernt haben, führt dieser Laden seltene Papiere aus aller Welt und hochwertige Stifte.

Horaires d'ouverture : Lun–Ven 12h–19h, Sam 12h–16h | **Le « petit plus » :** Les sacs nostalgiques de la RDA.
Ce magasin propose du papier rare du monde entier et des stylos de qualité à ceux qui aiment encore rédiger des lettres.

Erzgebirgskunst Original

Sophienstraße 9
10178 Berlin
☎ +49 30 282 6754
www.original-erzgebirgskunst.de

P. 130/131

Thomas Wild
Teppich- &
Textilkunst

Gipsstraße 12
10119 Berlin
☎ +49 30 28 38 57 60
www.thomaswild.com

P. 134/135

Traditional German Crafts
Interior: Kitschy

Open: Mo–Fr 10am–7pm, Sa 10am–6pm | **X-Factor:** All the figures are hand-painted.
From the Nutcracker to the Smokers (incense burners called Räuchermännchen): Volk art from the Erzgebirge mountains is available in this shop at Christmas and indeed all year round.

Öffnungszeiten: Mo–Fr 10–19, Sa 10–18 Uhr | **X-Faktor:** Alle Figuren sind handbemalt.
Vom Nussknacker bis zum Räuchermännchen: Zur Weihnachts- und zu jeder anderen Zeit wird in diesem Laden Volkskunst aus dem Erzgebirge verkauft.

Horaires d'ouverture : Lun–Ven 10h–19h, Sam 10h–18h | **Le « petit plus » :** Toutes les figurines sont peintes à la main.
Du casse-noisette au brûloir de parfum : les objets de l'artisanat traditionnel du Erzgebirge sont vendus à Noël et à toutes les autres époques de l'année.

Antique Carpets & Textiles
Interior: Showroom

Open: We–Fr midday–6pm, Sa midday–5pm | **X-Factor:** The knowledgeable advice.
Thomas Wild specialises in antique carpets and textiles from Morocco and Tibet – the range includes real gems.

Öffnungszeiten: Mi–Fr 12–18, Sa 12–17 Uhr | **X-Faktor:** Die kompetente Beratung.
Thomas Wild hat sich auf antike Teppiche und Textilien aus Marokko und Tibet spezialisiert – sein Sortiment enthält echte Schmuckstücke.

Horaires d'ouverture : Mer–Ven 12h–18h, Sam 12h–17h | **Le « petit plus » :** La compétence des vendeurs.
Thomas Wild s'est spécialisé dans les tapis et textiles anciens en provenance du Maroc et du Tibet. Une vraie grotte d'Ali Baba.

Grün der Zeit
Floraldesign

Große Hamburger Straße 19a
10115 Berlin
☎ +49 30 28 87 95 79
www.gruen-der-zeit.cc

P. 138/139

Über

Auguststraße 26a
10117 Berlin
☎ +49 30 66 77 90 95
www.ueber-store.de

P. 142/143

Contemporary Floral Design
Interior: Gallery atmosphere

Open: Mo–Fr 11am–8pm, Sa 11am–6pm and by arrangement | **X-Factor:** The frosted glass vases.
These flower arrangements are a far cry from the ordinary bouquet – the creations with strelitzias are highly effective.

Öffnungszeiten: Mo–Fr 11–20, Sa 11–18 Uhr und nach Vereinbarung | **X-Faktor:** Die Vasen aus Milchglas.
Von schnöden Blumengestecken sind diese Kreationen weit entfernt – besonders effektvoll sind die Designs mit Strelizien.

Horaires d'ouverture : Lun–Ven 11h–20h, Sam 11h–18h et sur rendez-vous | **Le « petit plus » :** Les vases d'opaline.
Ces créations florales n'ont rien en commun avec les vulgaires bouquets. Celles comprenant des oiseaux de paradis sont époustouflantes.

Thematic Design Store
Interior: Stylishly assured, designed by bfs design

Open: Tu–Fr midday–7pm, Sa midday–6pm | **X-Factor:** The Nelson bubble lamps.
This concept store for "changing lifestyles" devotes itself to a new theme every three months – for example, Heimat, Wanderlust, Seduction.

Öffnungszeiten: Di–Fr 12–19, Sa 12–18 Uhr | **X-Faktor:** Die Nelson Bubble Lamps.
Der Concept Store für „wechselndes Lebensgefühl" widmet sich alle drei Monate einem neuen Thema – zum Beispiel „Heimat", „Fernweh" oder „Verführung".

Horaires d'ouverture : Mar–Ven 12h–19h, Sam 12h–18h | **Le « petit plus » :** Les Nelson bubble lamps.
Le conceptstore pour « humeur changeante » est consacré tous les trois mois à un thème différent, par exemple « la patrie », « le mal du pays » ou « la séduction ».

Sai So
Atelier &
Showroom

Torstraße 140
10119 Berlin
☎ +49 30 347 4530
www.sai-so.com

P. 148/149

Jünemann's
Pantoffeleck

Torstraße 39
10119 Berlin
☎ +49 30 442 5337
www.pantoffeleck.de

P. 154/155

Prêt-à-porter Fashion Made from Kimonos
Interior: Atelier ambience

Open: Mo–Sa 1pm–7pm | **X-Factor:** Made-to-measure also available.
"Sai So" is Japanese for "re-assembled". Hand painted kimono silk is used to make wonderful clothes – each one unique.

Öffnungszeiten: Mo–Sa 13–19 Uhr | **X-Faktor:** Maßanfertigungen sind möglich.
„Sai So" ist japanisch und bedeutet „neu zusammengesetzt". Aus handbemalter Kimonoseide entsteht wunderschöne Kleidung – jedes ist ein Unikat.

Horaires d'ouverture : Lun–Sam 13h–19h | **Le « petit plus » :** Possibilité de sur mesure.
« Sai So » signifie en japonais « recomposé » : de merveilleuses robes sont réalisées à partir de kimonos en soie peinte à la main. Chacune de ces vêtements est une pièce unique.

Handmade House Slippers
Interior: Old-style retailer's shop

Open: Mo/We/Fr 9am–5pm, Tu/Th 9am–6pm | **X-Factor:** The BVG slippers – in the same patterns as the seats in Berlin's busses and trains.
Handmade slippers in all conceivable check-combinations have been made here by hand since 1908.

Öffnungszeiten: Mo/Mi/Fr 9–17, Di/Do 9–18 Uhr | **X-Faktor:** Die BVG-Pantoffeln – gemustert wie die Sitze der Berliner Busse & Bahnen.
Seit 1908 gibt es hier handgefertigte Pantoffeln in allen erdenklichen Karo-Variationen.

Horaires d'ouverture : Lun/Mer/Ven 9h–17h, Mar/Jeu 9h–18h | **Le « petit plus » :** Les pantoufles BVG aux mêmes motifs que ceux des sièges des bus et trams berlinois | Depuis 1908 ce magasin propose des pantoufles fabriquées à la main dans toutes les variations de carreaux possibles et imaginables.

Sinnsprüche
Eine Küche ohne Sinnspruch ist
quasi nackt
Diese hier sind gestickt von der Berliner
Designerin *donee*

25,- €

Friede am Herd
ist Goldes wert!

Trautes Heim
Glück allein!

Prenzlauer Berg

168 Farmer's Market/Wochenmarkt/Marché hebdomadaire
Wochenmarkt am Kollwitzplatz

172 Chocolate & Cocoa/Schokolade & Kakao/Chocolats & cacao
in't Veld Schokoladen

176 Shop & Bar/Laden & Bar/Magasin & bar
Santi & Spiriti

Wochenmarkt am Kollwitzplatz

Kollwitzplatz, 10405 Berlin
Ⓤ Senefelderplatz

in't Veld
Schokoladen

Dunckerstraße 10, 10437 Berlin
☎ +49 30 48 62 34 23
www.intveld.de
Ⓢ Prenzlauer Allee
Ⓤ Eberswalder Straße

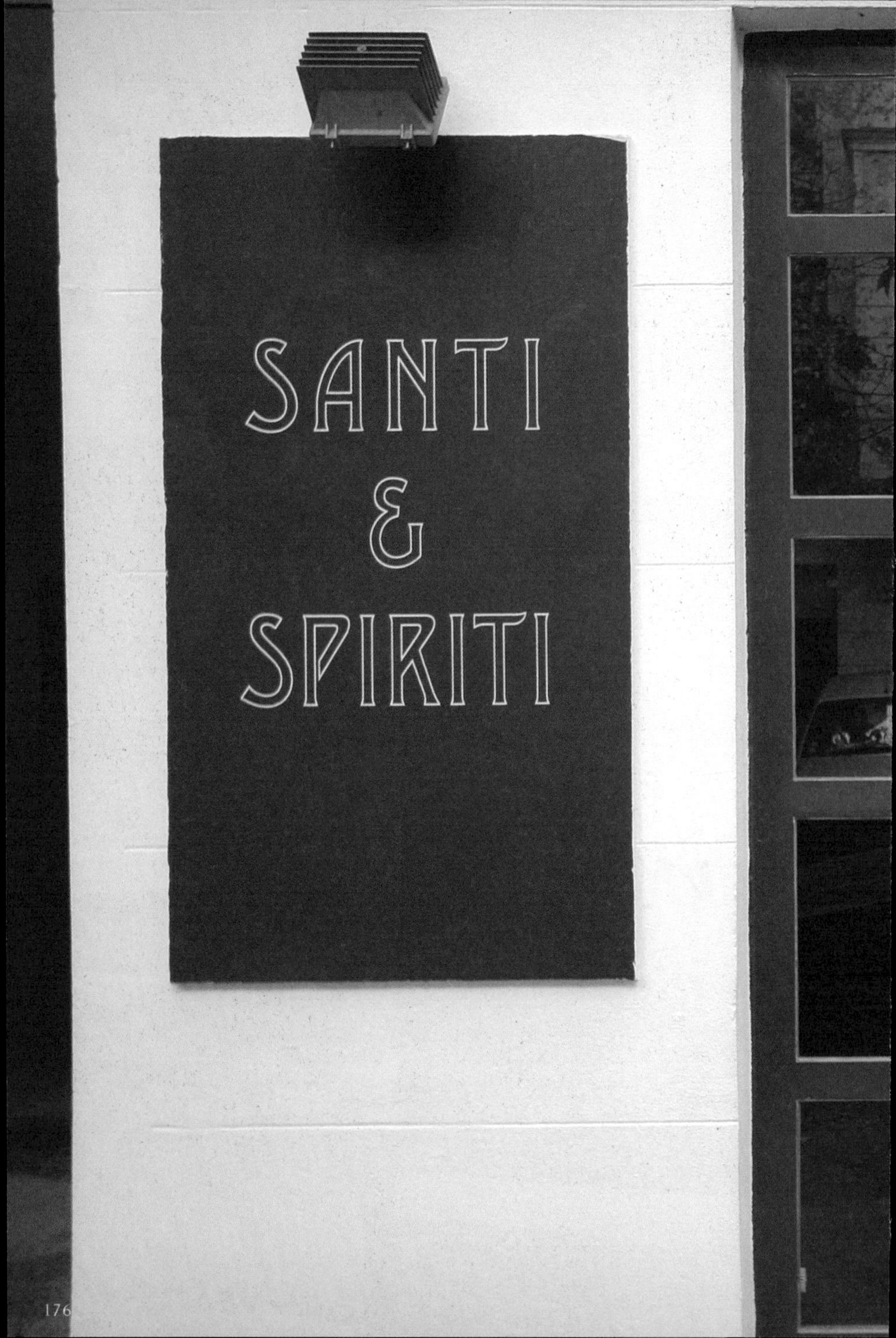
SANTI
&
SPIRITI

Santi & Spiriti

Christburger Straße 6, 10405 Berlin
☎ +49 30 44 04 39 02
Ⓢ Prenzlauer Allee
Ⓤ Senefelderplatz

Wochenmarkt am Kollwitzplatz

Kollwitzplatz
10405 Berlin

P. 168/169

in't Veld Schokoladen

Dunckerstraße 10
10437 Berlin
☏ +49 30 48 62 34 23
www.intveld.de

P. 172/173

Farmer's Market

Open: Sa 9am–4pm (market), Th midday–7pm (organic market) | **X-Factor:** The many cafés round about | On the so-called "Kolle" the goods on offer range from A for apples to Z for zucchini. The organic section is particularly well stocked – former Environment Minister Jürgen Trittin shops here.

Öffnungszeiten: Sa 9–16 (Markt), Do 12–19 Uhr (Öko-markt) | **X-Faktor:** Die vielen Cafés ringsum.
Auf dem „Kolle" reicht das Angebot von A wie Austern bis Z wie Zucchini. Besonders gut sortiert ist der Ökomarkt – hier kauft auch Jürgen Trittin ein.

Horaires d'ouverture : Sam 9h–16h (marché), Jeu 12h–19h (marché bio) | **Le « petit plus » :** Tous les cafés aux alentours.
Sur le « Kolle » vous trouverez de tout. Le marché bio, en particulier, offre un grand choix de produits et vous y verrez peut-être Jürgen Trittin faire ses courses.

International Fine Chocolates
Interior: Tasteful

Open: Mo–Fr 11am–8pm, Sa 11am–6pm | **X-Factor:** Hot chocolate with chilli.
Chocolate expert Holger in't Veld adds a bit of sweetness to your day with an international selection (Dolfin, Amadei, Blanxart) and creations of his own.

Öffnungszeiten: Mo–Fr 11–20, Sa 11–18 Uhr | **X-Faktor:** Heiße Schokolade mit Chili.
Schokoladenexperte Holger in't Veld versüßt den Tag mit einem internationalen Sortiment (Dolfin, Amadei, Blanxart) und Eigenkreationen.

Horaires d'ouverture : Lun–Ven 11h–20h, Sam 11h–18h | **Le « petit plus » :** Chocolat chaud au chili.
L'expert en chocolat Holger in't Veld nous rend la vie plus douce avec son choix international (Dolfin, Amadei, Blanxart) et ses créations personnelles.

Santi & Spiriti

Christburger Straße 6
10405 Berlin
☏ +49 30 44 04 39 02

P. 176/177

Affordable Wines & Snacks
Interior: Nobel-rustic

Open: Irregular | **X-Factor:** The "aperitivo italiano" every Friday around 6pm.
This small shop beside the "Fluido" bar stocks wines from all over the world – many of which cost less than ten Euro per bottle.

Öffnungszeiten: unregelmäßig | **X-Faktor:** Der „aperitivo italiano" jeden Freitag um 18 Uhr.
In diesem kleinen Laden neben der Bar „Fluido" bekommt man Weine aus aller Welt – viele davon kosten unter zehn Euro pro Flasche.

Horaires d'ouverture : Irréguliers | **Le « petit plus » :**
L' « aperitivo italiano » tous les vendredis à 18h.
Vous trouverez dans ce petit magasin à côté du bar « Fluido » des vins provenant du monde entier. Beaucoup d'entre eux coûtent moins de dix euros la bouteille.

Grunewald

184 Interior Décor Showroom/Showroom für Interieurs/
Showroom pour intérieurs
Villa Harteneck

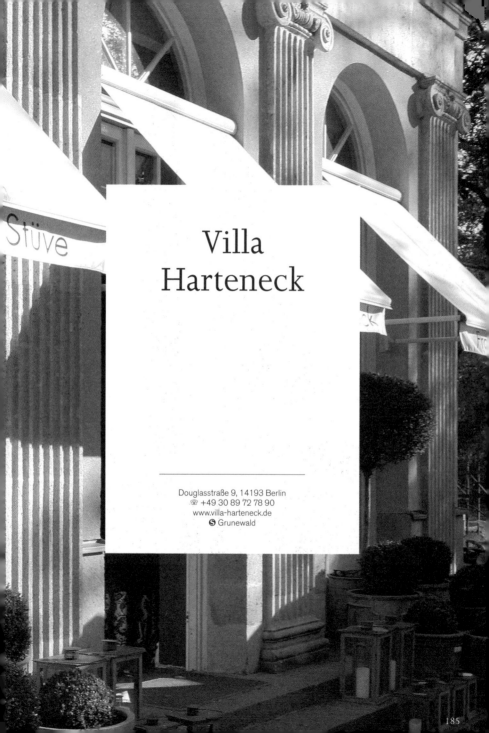

Villa Harteneck

Douglasstraße 9, 14193 Berlin
☎ +49 30 89 72 78 90
www.villa-harteneck.de
Ⓢ Grunewald

Villa Harteneck

Douglasstraße 9
14193 Berlin
☎ +49 30 89 72 78 90
www.villa-harteneck.de

P. 184/185

Stylish Furniture & Accessories
Interior: Neo-classical villa (1911)

Open: Mo–Fr 10am–7pm, Sa 10am–6pm | **X-Factor:** The owners are also event organisers.
In this stylish Grunewald villa you can buy everything to make life more beautiful inside and out.

Öffnungszeiten: Mo–Fr 10–19, Sa 10–18 Uhr | **X-Faktor:** Die Besitzer wirken auch als Eventplaner.
In der stilvollen Grunewald-Villa wird alles verkauft, was das Leben drinnen und draußen schöner macht.

Horaires d'ouverture : Lun–Ven 10h–19h, Sam 10h–18h | **Le « petit plus » :** Les propriétaires se chargent également de l'événementiel.
Dans l'élégante villa de Grunewald, on vous propose tout ce qui embellit la vie à l'intérieur comme à l'extérieur.

© 2007 TASCHEN GmbH
Hohenzollernring 53, D-50672 Köln
www.taschen.com

Compilation, Editing & Layout
Angelika Taschen, Berlin

General Project Manager
Stephanie Bischoff, Cologne

Photos
Thorsten Klapsch, Berlin

Cover Illustration
Olaf Hajek, www.olafhajek.com

Maps
Julia Pfaller, Berlin

Graphic Design
Eggers + Diaper, Berlin

Lithograph Manager
Thomas Grell, Cologne

German Text Editing
Christiane Reiter, Hamburg

French Translation
Thérèse Chatelain-Südkamp, Cologne

English Translation
Pauline Cumbers, Frankfurt am Main

Printed in Italy
ISBN 978-3-8365-0041-8

To stay informed about upcoming TASCHEN titles, please request our
magazine at www.taschen.com/magazine or write to TASCHEN,
Hohenzollernring 53, D-50672 Cologne, Germany, contact@taschen.com,
Fax: +49 221 25 49 19. We will be happy to send you a free copy of our
magazine which is filled with information about all our books.